不欺负别人，也不被欺负

儿童反校园霸凌实践手册

[法]凯瑟琳·维迪尔（Catherine Verdier）著

王苡 译

校园霸凌对孩子的身心健康会产生严重的负面影响。本书用43个充满创意的亲子活动，帮助孩子学习如何避免成为校园霸凌的对象，同时也不要成为施暴者。通过"认识校园霸凌""敢于表达情绪""建立自信""同理心""网络霸凌"和"解决冲突"六个环节的学习，孩子会建立对校园霸凌正确、全面的理解，并学习避免让自己成为校园霸凌对象的品质和实际技能。本书适合孩子和家长一起阅读，书中的活动设计充满趣味、互动性强，便于父母和孩子一起在家庭中开展，能够帮助孩子在轻松愉快的活动中学习防止、应对校园霸凌的技能，实现全面成长。

Catherine Verdier, 50 activités bienveillantes pour prévenir le harcèlement scolaire
ISBN: 9782035984821

Copyright © Larousse 2020 Simplified Chinese edition arranged through New Pioneer Agency. This title is published in China by China Machine Press with license from Larousse. This edition is authorized for sale in the Chinese mainland (excluding Hong Kong SAR, Macao SAR and Taiwan).

此版本仅限在中国大陆地区（不包括香港、澳门特别行政区及台湾地区）销售。未经出版者书面许可，不得以任何方式抄袭、复制或节录本书中的任何部分。

北京市版权局著作权合同登记　图字：01-2024-5787号。

图书在版编目（CIP）数据

不欺负别人，也不被欺负：儿童反校园霸凌实践手册 /（法）凯瑟琳·维迪尔著；王茋译. -- 北京：机械工业出版社，2025.6. -- ISBN 978-7-111-78485-2
Ⅰ.G474-62
中国国家版本馆CIP数据核字第2025RN2422号

机械工业出版社（北京市百万庄大街22号　邮政编码100037）
策划编辑：陈　伟　　　　　责任编辑：陈　伟
责任校对：龚思文　王　延　责任印制：单爱军
北京瑞禾彩色印刷有限公司印刷
2025年7月第1版第1次印刷
165mm×225mm・9.25印张・108千字
标准书号：ISBN 978-7-111-78485-2
定价：59.80元（含活动素材手册）

电话服务　　　　　　　　　网络服务
客服电话：010-88361066　　机　工　官　网：www.cmpbook.com
　　　　　010-88379833　　机　工　官　博：weibo.com/cmp1952
　　　　　010-68326294　　金　书　网：www.golden-book.com
封底无防伪标均为盗版　　　机工教育服务网：www.cmpedu.com

前　言

校园霸凌是一种普遍存在的现象，不仅在青少年之间频发，在小学阶段的孩子之间也已初见端倪。

虽然有些方法可以应对已经发生的霸凌行为，但从根本上杜绝此类现象最有效的途径在于预防孩子之间的霸凌行为。

预防的核心在于从小培养孩子的社交技能，因为校园霸凌实质上反映了孩子之间社会关系的失调。有时，同学间沟通不畅会加剧这一问题，因此向孩子传授基本的社交技能显得尤为重要。

通过这本活动手册，孩子将学习到什么是校园霸凌和网络霸凌，以及这些行为对全体学生乃至整个学校环境的影响。此外，这本手册还将指导孩子管理情绪、增强自尊、提升共情能力，并掌握解决冲突的技巧，从而避免成为受害者或施暴者。

因此，这本活动手册不仅是有趣的学习工具，更是引导孩子以理解与尊重的态度与他人互动的重要媒介。

凯瑟琳·维迪尔

目　录

前　言

① 认识校园霸凌

活动 1　什么是校园霸凌 ································ 2
活动 2　不同类型的霸凌 ································ 5
活动 3　冲突还是霸凌 ···································· 8
活动 4　当我被霸凌，我感到…… ················ 10
活动 5　我是施暴者，我感到…… ················ 12
活动 6　我是目击者 ······································ 15
活动 7　融入群体 ·· 18
活动 8　我该怎么办 ······································ 20
活动 9　单词迷宫 ·· 22

② 敢于表达情绪

活动 10　关于情绪的词汇 ····························· 26
活动 11　呼吸练习 ·· 29
活动 12　情绪模仿游戏 ································· 31
活动 13　自制情绪色谱 ································· 33
活动 14　情绪周期表 ···································· 36

活动 15	探索自我需求	39
活动 16	情绪温度计	41
活动 17	行动	43
活动 18	自信表达	46

③ 建立自信

活动 19	百宝箱	50
活动 20	大侦探	53
活动 21	我的家族	55
活动 22	我的徽章	57
活动 23	"天使"与"魔鬼"	60
活动 24	思想体操	63
活动 25	我拥有自信	65
活动 26	说"不"	67
活动 27	我为自己代言	70

④ 培养同理心

活动 28	社交关系树	74
活动 29	宽容	77
活动 30	朋友	80
活动 31	1-2-3	82
活动 32	尊重规则	84
活动 33	同理心卡片	87

⑤ 远离网络霸凌

活动 34　计时器 …………………………………… 90
活动 35　战斗 ……………………………………… 92
活动 36　深度思考 ………………………………… 94
活动 37　问答骰子 ………………………………… 96
活动 38　全方位防护 ……………………………… 98
活动 39　网络尊重 ………………………………… 101

⑥ 学会解决冲突

活动 40　调解者 …………………………………… 104
活动 41　调解者的钥匙 …………………………… 106
活动 42　预警的小铃铛 …………………………… 108
活动 43　我的奖状 ………………………………… 111

认识校园霸凌

校园霸凌是指孩子之间实施的暴力行为。

不幸的是，这类情况经常发生在操场、教室、食堂、更衣室、公共汽车上或运动俱乐部里。

霸凌行为包括辱骂、恶搞、殴打和排挤等，会造成严重的后果。这些行为不仅会对被霸凌的孩子造成伤害，还会让施暴者形成用暴力解决问题的习惯，并可能促使其他目击者也变得具有攻击性。

然而，霸凌并非不可避免，每个孩子都有能力在不使用暴力的情况下采取行动，阻止这种情况的发生。

第一部分的活动旨在帮助孩子清晰地了解霸凌行为的本质、发展过程以及可能带来的后果。

活动 1
什么是校园霸凌

校园霸凌是指一个孩子在学校遭受持续的暴力行为，导致其身心受损。受害者可能会被辱骂、殴打、排挤，甚至遭受更严重的虐待。而施暴者则通过支配权利使受害者无法反抗。

用时：15 分钟。
工具：下文中的漫画。
参与者：独自完成或者与家人、同学、朋友一起完成。

这项活动有什么用

通过了解孩子之间的霸凌现象，你可以学会保护自己或避免参与其中，因为霸凌会伤害每一个人。

校园霸凌是一种典型的孩子之间的暴力行为，通常表现为一个或多个孩子对另一个孩子的贬低、羞辱和伤害。受害者往往无力有效反抗，施暴者的目的是控制受害者，使其感到孤独和自卑。

霸凌的主要特征包括：

- 重复性：暴力行为在长时间内反复发生。
- 支配关系：施暴者迫使受害者处于被支配的状态。

- 具有伤害意图：原本看似"闹着玩"的行为逐渐变成恶意伤害，特别是在这种行为持续发生时。
- 群体现象：霸凌往往涉及群体参与。

轮到你了！

1 请看下一页的漫画。

2 回答下列问题。如果遇到困难，可以请其他人帮忙。

- 你在这个故事中看到了什么？
- 漫画中是否存在校园霸凌？
- 如何识别校园霸凌？
- 那些学生对紫兔子马修做了什么？
- 所有学生都对他不友善吗？
- 不同的学生身上发生了什么？他们做了什么？他们的感受如何？

1

活动 2
不同类型的霸凌

校园霸凌有多种表现形式,有时甚至旁边的大人或其他孩子都难以察觉。因此,在某些情况下,我们可能并没有意识到这实际上就是一种霸凌行为。

用时:5 分钟。
工具:下文中的列表。
参与者:独自完成或者与家人、同学、朋友一起完成。

这项活动有什么用

通过这项活动,你将更好地识别不同类型的霸凌行为。这样,你就能:

- 找到一个可以信赖的大人来倾诉并寻求帮助。
- 避免自己参与类似的霸凌行为。

校园霸凌是一种暴力行为,任何孩子都不应该受到这样的对待,因为这是一种极其痛苦的经历,可能会给受害者带来长期的心理困扰。

1

 轮到你了！

❶ 以下是不同类型的霸凌行为：

- 身体霸凌：殴打、绊倒、抢夺财物、强迫他人做危险动作。
- 言语霸凌：辱骂、嘲笑。
- 社交霸凌：排挤，把某人排除在集体活动之外，孤立他。
- 性霸凌：使用带有性暗示或性别歧视的手势和语言，未经同意进行身体接触，对他人隐私的侵犯。
- 网络霸凌：在社交媒体上的霸凌行为，包括发布侮辱性的评论，用照片或视频进行嘲讽等。

❷ 请看下页的列表，将具体的行为和对应的霸凌行为类型连起来。

给成人的建议

如果孩子经常身体不适或突然出现行为上的改变，请保持警觉。如果你有任何怀疑，要立即与孩子沟通，了解情况。

认识校园霸凌

1

用不同颜色的线将左侧的行为与右侧对应的霸凌行为类型连起来。

具体的霸凌行为

- 辱骂，嘲笑
- 打、拍、踢、捏，让人感到疼痛
- 偷东西，恐吓勒索
- 在网上辱骂
- 造谣
- 拒绝跟某个孩子说话
- 掀起女生的裙子或摸女生的臀部
- 朝他人吐口水
- 给嘲笑某人的照片点赞
- 扬言要教训那个角落里的学生
- 使用带有性别歧视或性暗示的语言进行辱骂
- 把人推下楼梯，故意绊倒某人
- 欺负正在上厕所的孩子
- 不让某个孩子参加集体游戏

霸凌行为的 5 种类型

- 身体霸凌
- 言语霸凌
- 社交霸凌
- 性霸凌
- 网络霸凌

活动 3
冲突还是霸凌

如果两个人之间存在冲突，通常是可以通过对话解决的，因为沟通能够帮双方找到解决办法。但是霸凌不一样，它是一种以伤害他人为目的的暴力行为。

用时：10 分钟。
工具：活动素材手册中的活动卡片、剪刀。
参与者：独自完成或者与家人、同学、朋友一起完成。

这项活动有什么用

区分霸凌和普通冲突非常重要。如果是冲突，你可以与同学讨论，提出你的观点，同时对方也可以表达他的看法。最终你们找到一种解决冲突的办法。如果发生严重的争执，可以请大人出面调解，帮助你们找到合适的解决办法。

然而，如果你遇到的是校园霸凌，单凭自己是无法解决的，因为孩子无法制止这种暴力行为。此时，必须寻求大人的帮助。因此，当你看到有人遭受霸凌，或你自己成了霸凌的受害者，务必要告诉一个大人。大人可以为受害者提供支持，并帮助施暴者以及其他孩子重新审视他们每个人的行为。

通过这项活动，你可以检查自己观察到（或亲身经历）的情况，并做出正确的反应来提供帮助。

轮到你了！

1. 请将活动素材手册中相应的卡片剪下来。
2. 将卡片放在你面前的桌子上。
3. 仔细观察卡片上描绘的情景，注意所有的细节。
4. 将这些情景分为两类：冲突和霸凌。在进行分类前，请思考以下问题：

- 什么是冲突？
- 什么是霸凌？
- 卡片上的人在做什么？
- 他们的感受如何？
- 谁是目击者？
- 如何解决每个情景里的问题？

活动 4

当我被霸凌，我感到……

孩子之间的霸凌会带来许多后果，它不仅会影响到所有的孩子，还会破坏班级或学校的氛围。

让我们从被霸凌的孩子谈起，看看他们的感受是怎样的。

用时：15 分钟。
工具：一张纸、彩笔、便利贴。
参与者：独自完成或者与家人、同学、朋友一起完成。

这项活动有什么用

这项活动旨在帮助你理解被霸凌者的感受以及霸凌带来的后果。

被霸凌者通常会有非常糟糕的感受，他们可能会感到孤独（因为没有人帮助他们）、羞耻（因为他们被辱骂和贬低）和内疚（因为与众不同而自责："为什么是我？"）。

被霸凌的孩子害怕上学，他可能会肚子疼，上课无法专心听讲，导致学习成绩下降；他也可能会丧失自信，不再愿意参加各种活动，害怕与他人接触，常常感到悲伤，甚至陷入抑郁。

这实在太沉重了！如果你有类似的感受，请告诉父母、老师或任何一个你信任的大人。最重要的是，你要记住，你不是造成这一切的原因，真正应该负责的是那些伤害你的人。

轮到你了！

① 拿出一张纸和你最喜欢的彩笔。

② 画出或者用简单的线条勾勒出一个你曾经见过或经历过的霸凌情景。

③ 你可以给每个角色加上对话框，写下他们说的话。

④ 最后，在便利贴上写出被霸凌者的感受：

- 他在想什么？他的感受如何？
- 他的身体动作表达了什么？

如果你发现自己和图画里的主人公有相同或类似的经历和感受，请告诉一个你信任的大人，他会帮你找到解决办法。

活动 5

我是施暴者，我感到……

校园霸凌的施暴者通常会认为自己很强大且受欢迎。如果没有人制止他，并让他意识到自己可能给他人带来的伤害，他会觉得自己越来越强大，但与此同时他也会变得越来越脆弱。

用时：15 分钟。
工具：下文中的模板、彩笔、便利贴。
参与者：独自完成或者与家人、同学、朋友一起完成。

这项活动有什么用

在霸凌事件中，施暴者往往会受到惩罚。但如果他没有意识到自己的行为有多严重，这样的惩罚又有何意义呢？

通过这项活动，你可以更好地理解施暴者的感受，特别是他们为什么会这样做。施暴者往往只有通过打压他人才能感受到自己的强大——这句话可能听起来很奇怪，但这是事实。那么，受害者和施暴者，到底谁才是真正的弱者呢？

如果你有类似的感受，请与父母、老师或其他你信任的大人聊聊。

轮到你了！

1 拿出你最喜欢的彩笔。

2 在下一页的模板中，画出或用简单的线条勾勒出一个你曾经见过或经历过的霸凌情景。

3 你可以给每个角色加上对话框，写下他们说的话。

4 最后，在便利贴上写出施暴者的感受：

- 他在想什么？
- 他的感受如何？
- 他的身体动作表达了什么？

5 如果需要，可以再拿出一些纸来继续画。

如果你发现自己和图画里的施暴者有相同或类似的经历和感受，请告诉一个你信任的大人，他会帮你找到解决办法的。

给成人的建议

如果你质问作为施暴者的孩子，他往往会说："我只是开玩笑。"或者"这有什么大不了的。"因此直接提问往往难以得到真实的答案。相反，如果你和他讨论他画的画、相关主题的电影或书籍，就有可能引导他进行深入的对话，从而进一步了解他在类似事件中的参与程度，以及他为什么会这样做。

1

活动 6
我是目击者

在霸凌事件中，群体效应至关重要，因为如果没有其他人嘲笑，欺负别人又有什么意思呢？那么，如何才能在不对别人进行霸凌的情况下，融入一个群体中呢？

用时：20 分钟。
工具：下文中的模板、一支笔。
参与者：独自完成或者与家人、同学、朋友一起完成。

这项活动有什么用

群体的力量可能是负面的，例如在霸凌事件中，目击者扮演着非常重要的角色：

- 他们可能会做出和施暴者一样的举动，如殴打、辱骂等。
- 他们可能会笑。
- 他们可能会视而不见，任由施暴者继续行动。
- 很少有人会站出来帮助受害者。

事实上，目击者往往比施暴者人数更多，也更强大！如果没有人笑，会发生什么呢？你会怎么做呢？

这项活动的目的就是提醒你：有时，群体的力量也可以是正面的。

轮到你了！

1 请填写下一页的气球模板。

2 回答下列问题，尽量把所有的气球都写满：

- 今天有什么事情让你感到特别自豪吗？
- 你付出了哪些努力（不论结果如何）？
- 你是否向他人伸出了援手？
- 你帮助了谁？
- 你有没有展现出友好的行为？
- 你有没有感受到来自他人的关爱？
- 对于需要被鼓励的人，你有没有说出激励他的话语？

拓展用法

如果你想为每个问题写下两个回答，可以画出更多的气球，并将你的想法或愿望写在里面。

给成人的建议

暴力行为的目击者实际上也是暴力行为的参与者。即使你的孩子没有直接做出霸凌的行为，他也可能成为"帮凶"，哪怕只是在一旁笑笑。

活动 7
融入群体

对于许多孩子来说，融入群体是非常重要的。但是，即使为了在群体中占有一席之地，也应该在他人面前保持自我。

用时：10 分钟。
工具：下文中的列表、一支笔。
参与者：独自完成或者与家人、同学、朋友一起完成。

这项活动有什么用

一个群体是由不同的个体组成的。每个人的独特性都会丰富这个群体。事实上，你一定属于多个群体，如家庭、学校、运动队、音乐社团、舞蹈社团等。有些孩子喜欢主动提出活动建议，有些则更喜欢听从他人的提议；有些孩子喜欢引人注目，有些孩子则安静低调，喜欢观察和倾听他人。

群体为人们营造了交流、分享、娱乐和互相帮助的环境。

然而在群体中，你可能会为了融入或者服从群体领导者，被迫采取一些和其他人一样的行动。因此，群体效应会让你做出一些你独自一人时不会做的事情。学会从群体压力中抽离，保持批判性思维和思想的自由，这对你非常重要。

轮到你了！

① 判断下列行为属于"要这样做"还是"不要这样做"，在相应的格子里打"√"。

要这样做	不要这样做	
		让每个人都参与到活动中
		总是顾忌别人的看法
		敢于穿自己喜欢的衣服
		取笑别人的东西
		总是跟其他人的意见保持一致
		有自己的观点并敢于说出来
		惧怕别人的眼光
		不敢说出自己的想法
		为自己感到自豪
		敢于坚持自己的意见，但不具有攻击性
		嫉妒别人的衣服
		害怕被群体排斥
		相信自己和自己的判断
		尊重不同的意见，不妄加评判
		拒绝做自己不喜欢的事

② 如果你不确定答案，可以向一个你信得过的朋友或大人寻求帮助。

活动 8
我该怎么办

当霸凌事件发生时，每个孩子都应该向一个信得过的大人寻求帮助。但是，孩子也有权利根据自己的年龄和情况的严重性采取行动。"应对策略卡"可以帮助孩子做出正确的决定。

用时：5 分钟。
工具：活动素材手册中相应的"应对策略卡"、胶带、剪刀。
参与者：与父母、朋友一起完成。

这项活动有什么用

你必须知道，霸凌是一种违法的暴力行为。而你，也可以通过正确的方式采取行动。你永远要记得，去找一个值得信赖的大人寻求帮助，以便找到解决办法，并帮助受害者和施暴者。请认真阅读"应对策略卡"，并与同学们分享。

轮到你了！

① 请将活动素材手册中相应的"应对策略卡"剪下来。

② 和父母或朋友一起阅读，如果你有任何问题，请向他们提问。

③ 你可以将卡片带到学校,给你的老师看。

④ 将这张卡片贴在书桌、厨房或者其他显眼的地方。

⑤ 千万记得,一旦发生了一些你无法理解的事或者遭遇被侵犯的情况,一定要告诉一个你信任的大人。

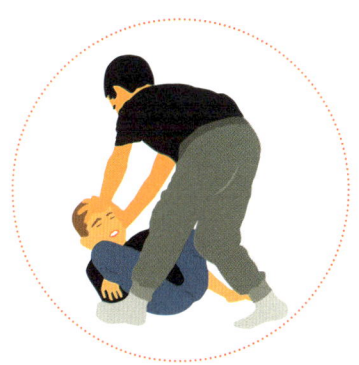

永远不要保持沉默

给成人的建议

显而易见的是,霸凌往往发生在大人看不见的地方。因此,家长要格外留意孩子行为上的任何突然变化。请认真阅读"应对策略卡",并和孩子一起讨论,开启对话并找出解决方法。

活动 9
单词迷宫

现在你已经充分了解了什么是校园霸凌、它对所有孩子造成的后果以及可能的解决办法,下面让我们来找出那个神秘的词,它能够帮助我们解决许多冲突。

用时: 15 分钟。
工具: 下文中的单词迷宫、铅笔、橡皮。
参与者: 独自完成或者与家人、同学、朋友一起完成。

这项活动有什么用

这项活动会用到你在之前活动中学习到的一些词汇,恭喜你!最重要的是别忘了,你也有能力帮助一个霸凌事件的受害者。受害者永远不应该为自己所遭遇的事情负责,他需要你的帮助,正如《儿童权利公约》[一]第 19 条所述:

"每个孩子都应该受到保护,免受一切形式的暴力。"

[一] 1989 年联合国大会通过了《儿童权利公约》,这是联合国历史上最具广泛代表性和影响力的国际公约之一,旨在为世界各国的儿童提供一个统一的、最低标准的权利保护框架。——译者注

认识校园霸凌

轮到你了！

列表里所有词汇对应的法语单词都可以在下面这个迷宫中找到。它们可以从前往后读，也可以从后往前读，并且隐藏在垂直、水平或对角线方向（词后的箭头给出了提示）。请通过剩下的字母找到隐藏的神秘单词。

S	C	E	R	P	E	H	E	I	T	I	M	A	R	T
E	O	C	U	O	I	P		D	E	G	A	M	I	N
R	N	I	E	U	O		O	A	U	E	D	U	R	E
T	F	T	T	V	J			P	E	T			E	L
U	L	S	A	O	E	X	C	L	U	S	I	O	N	O
A	I	U	D	I	A	M	O	U	R	L	P	L		I
P	T	J	I	R	U	Ç	E	D		U	A	O	O	V
T	N	E	M	E	L	E	C	R	A	H	E	I	I	S
N	G	L	I	E	I	R	E	U	Q	O	M	P	R	R
I	R	I	T	G	A	N	I	O	M	E	T			E
A	O	T	N	O	G	T	R	E	S	P	E	C	T	C
P	U	N	I	D	I	R	E		E	L	O	C	E	O
O	P	E		M	R	I	E	M	I	T	C	I	V	U
C	E	G	E	C	N	A	I	F	N	O	C			P
I	N	S	U	L	T	E	C	O	U	P	A	B	L	E

神秘词

行动（AGIR）↓
友谊（AMITIE）←
爱（AMOUR）→
他人（AUTRES）↑
信任（CONFIANCE）←
冲突（CONFLIT）↓
朋友（COPAIN）↑
打击（COUP）↓
有罪（COUPABLE）→
失望（DEÇU）←
说（DIRE）→
学校（ECOLE）←

自我（EGO）↓
希望（ESPOIR）↘
排挤（EXCLUSION）→
友善（GENTIL）↑
集体（GROUPE）↓
霸凌（HARCELEMENT）←
形象（IMAGE）←
侮辱（INSULTE）→
施暴者（INTIMIDATEUR）↑
快乐（JOIE）↑
正义（JUSTICE）↑

害怕（PEUR）↖
受欢迎（POPULAIRE）↘
权力（POUVOIR）↓
尊重（RESPECT）→
笑（RIRE）↓
粗鲁（RUDE）←
孤独（SOLITUDE）↖
目击者（TEMOIN）←
受害者（VICTIME）→
暴力（VIOLENT）↑
嘲笑（MOQUERIE）←

敢于表达情绪

掌握一些关于情绪的词汇是认识自我和处理好人际关系的重要工具。

给情绪命名、理解情绪、接纳情绪,每一步都不容易。我们需要持续的学习和训练,才能更好地认识自己,从而更好地理解他人。

如果你不清楚自己的感受是什么,或者从未学习过如何识别自己内心的情绪,又怎能平静地与他人沟通呢?如果你感到伤心,这是为什么呢?如果你的同学生气了,他的需求是什么?你怎样才能帮助他?

保持身心健康的必要条件,就是对自己的情绪有所觉察,每个人都应该重视这一点。自信源于对自我的认识,而自信能够帮助我们更好地理解他人,从而发展出同理心。

活动 10
关于情绪的词汇

我们的内心和身体可以感受到许多不同的情绪，幸福或痛苦，平静或愤怒，悲伤或感动……有时，几种情绪会同时涌上心头，比如我们可能会感到既悲伤又愤怒。学习用语言来描述这些情绪，掌握相关的情绪词汇，是至关重要的。

用时：10 分钟。
工具：下文中的情绪列表和表情包、一支笔。
参与者：独自完成或者与家人、同学、朋友一起完成。

这项活动有什么用

这项活动的目的是学会为情绪命名。懂得如何识别情绪能够帮助你更好地理解自己，同时也更好地理解他人，因为他人也会有情绪。情绪可以是消极的，比如愤怒或悲伤，也可以是积极的，比如快乐和爱。

你知道世界上几乎所有的文化都认同的四种基本情绪是什么吗？它们是愤怒、快乐、悲伤和恐惧。

敢于表达情绪

轮到你了！

1. 仔细观察下一页里人物的不同表情。
2. 注意他们的面孔、表情以及图中所有的细节。
3. 通过回答以下问题，将每一副表情与这个人所感受到的情绪对应起来：

- 这个人表现出什么样的态度？
- 这个人的感受是什么？
- 这种情绪叫什么？
- 这是积极的情绪还是消极的情绪？

活动 11

呼吸练习

对身体内部变化的感知（也叫做"身体意识"）能够帮助我们更好地识别自己的情绪。例如，一个人生气时会出现心跳加速、呼吸急促、手心冒汗、肚子疼或喉咙仿佛被什么东西堵住等表现。

用时：10 分钟。
工具：一张地垫、安静的环境、柔和的音乐。
参与者：独自完成，第一次练习时可以请别人帮你读引导词。

这项活动有什么用

通过这种放松练习，你可以学会聆听自己的身体，感受生命内在的变化：你的心跳、呼吸的频率和肌肉的松弛度。定期进行身心平衡训练、瑜伽、自我按摩和呼吸练习，这些都是能够增强自我意识、提高幸福感的方法。你将会更好地控制自己的肢体语言和呼吸，并调节自己的情绪反应。记得每天都要停下来，做深呼吸。

轮到你了！

1 找一个安静、整洁、明亮的地方，盘腿坐在地垫上。闭上眼睛，检查自己的坐姿：保持背部挺直，好像有一根线从头顶拉着你（注意不要弯腰），肩膀放松。一只手放在腹部，另一只手放在胸前，也就是肺部的位置。

2 现在，正常呼吸，不进行任何干预。你能感受到肚子的起伏吗？注意用鼻子吸气，用嘴巴呼气。

3 下面，用鼻子深深吸气，想象你的肚子是个气球，你在给它充气；然后呼气，把肺部排空，再把腹部排空，你会感到肚子瘪下去了。重复几次，直到你感觉到平静。

4 闭上眼睛，检查自己现在的状态：

- 你感觉如何？
- 你的心跳如何？
- 你的肌肉是否放松？
- 你的呼吸是否平稳？

5 注意这些身体的信号，下次练习时你会发现更多的变化。

活动 12
情绪模仿游戏

识别他人的情绪，意味着你能够察觉到他们的表情和身体所传递出的信息，或者是他们的态度所表达的含义。模仿是一种很好的方式，可以帮助你设身处地地感受他人，体会他们的情绪。

用时：20 分钟。
工具：活动素材手册中相应的卡片、剪刀。
参与者：独自完成或者与家人、同学、朋友一起完成。

这项活动有什么用

如果你能够识别并命名一种情绪，那么你就能设身处地地体会一个正在经历这种情绪的人的感受，然后模仿出这种情绪。了解朋友的感受很重要，因为只有这样你才能帮助他们。你可以通过观察一个人的面部表情、眼神、嘴巴以及整体的态度来获取线索。你甚至可以创造出更多的表情和情绪。

2 轮到你了！

1. 请剪下活动素材手册中与本项活动相关的卡片。

2. 把卡片正面朝下扣住，然后从中抽出一张。

3. 观察这个人物的面部表情和所有细节。

4. 判断卡片上描绘的是哪种情绪。

5. 模仿这种情绪，夸张地表现出来，以便更好地记住它。

6. 把卡片扣起来，放到一边。

7. 再翻一张新的卡片，观察上面描绘的情绪并模仿它，记得要夸张一些，然后再扣起来，放到一边。

8. 现在，请回忆并模仿第一张卡片的情绪，然后模仿第二张卡片的情绪，记住不要偷看！

9. 继续翻出第三张卡片，持续这个过程，直到用完所有的卡片。

活动 13
自制情绪色谱

把情绪表达出来,这是一种让别人了解我们的烦恼或快乐的有效方式。但是,当情绪过于强烈时,我们往往很难用语言表达出来。这时,我们可以通过其他方式来展现。

用时:20 分钟。
工具:下文中的模板、彩笔。
参与者:独自完成或者与家人、同学、朋友一起完成。

这项活动有什么用

通过这项活动,你将能在不说话的情况下表达一种情绪,并且展现它的强度。

请记住,校园霸凌的受害者往往感到孤独、内疚、羞耻和恐惧。当恐惧占据主导或失去自信时,他们很难用语言来表达情绪。这时,绘画、唱歌、游戏、戏剧或运动可以帮助他们表达不舒服的情绪,并找回失去的自信。所有的表达方式都可以使用,没有哪一种比另一种更好,每个人都可以找到适合自己的方式。

轮到你了！

1. 在下一页的模板中，每个椭圆形的面孔都表达了一种情绪，愤怒、快乐、悲伤、惊讶和恐惧。

2. 第六个椭圆形里是你自己的面孔。

3. 每个面孔代表一种情绪，请你给这些面孔增加一些元素。

4. 然后为每种情绪选择一种颜色，并用这种颜色为这个面孔上色。

5. 你可以根据情绪的强弱来调整颜色的深浅。

敢于表达情绪

2

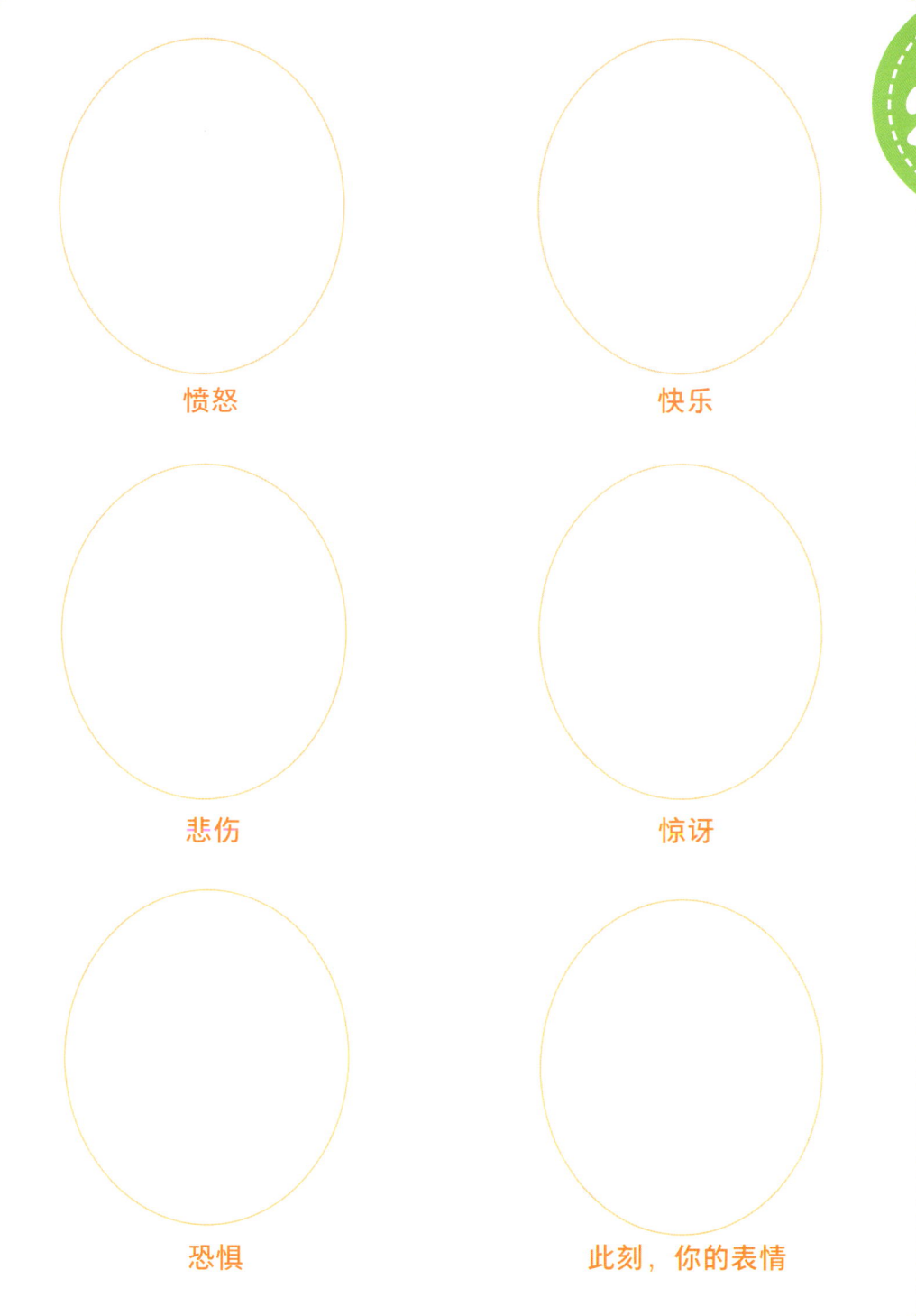

愤怒　　　　　　　　快乐

悲伤　　　　　　　　惊讶

恐惧　　　　　　　　此刻，你的表情

活动 14
情绪周期表

情绪可以是轻微的、强烈的或者非常剧烈的，我们可以像化学元素周期表一样制作一张"情绪周期表"。

用时：10 分钟。
工具：下文中的表格、一支笔。
参与者：独自完成或者与家人、同学、朋友一起完成。

这项活动有什么用

对于积极的情绪，我们可以感受到它的美好。我们会尽可能地追求快乐、幸福、爱和安宁，同时，我们通常也会尽力避免消极的情绪。如果恐惧、悲伤或愤怒笼罩在我们心中，我们的身心都会受到影响。下面这项活动将帮助你更准确地描述情绪，从而更好地控制这些情绪。

轮到你了！

1. 就像我们用化学元素周期表来给各种元素分类一样，我们也可以创建一张"情绪周期表"来对人们的情绪进行分类。请仔细观察下一页的表格。

2. 在下方的图例和下一页的表格中，找出每种基本情绪对应的颜色。如果遇到困难，可以寻求帮助。

3. 请仔细体会不同情绪及其之间的细微差别，勾选出你曾经体验过的情绪。然后，针对每一种情绪，尝试回忆出至少一次你感受到这种情绪时的情景。

你需要了解的基本情绪有：

- 爱 ☐
- 厌恶 ☐
- 惊讶 ☐
- 悲伤 ☐
- 愤怒 ☐
- 快乐 ☐
- 恐惧 ☐

活动 15
探索自我需求

每种情绪都对应着一个需求。当我们感到悲伤时，我们需要的是什么？是独处、出去见见朋友，还是得到安慰？

用时：15 分钟。
工具：下页的表格、彩笔。
参与者：独自完成或者与家人、同学、朋友一起完成。

这项活动有什么用

情绪很重要，因为它们就像汽车上的指示灯，告诉我们是一切顺利，还是内心产生了问题。通过思考下面表格里的问题，你将会更好地了解自己并发现自身的需求。你还可以创造出表格中没有的情绪。

轮到你了！

请把下面表格里的句子补充完整，用你自己的话写出你的需求。这里没有所谓的对错，因为这是属于你的感受。你可以写出多个答案。

2 我的情绪肖像

	我感到… （用 emoji 表情符号）	我想… （笑、哭、喊、跑……）	如果我是一种颜色，我会是……	如果我是一种动物，我会是……	我需要的是……	如果我是一个超级英雄……
快乐						
愤怒						
悲伤						
恐惧						
嫉妒						
自豪						
安宁						
羞愧						
惊讶						

活动 16
情绪温度计

每个人都会产生情绪，可能是愉快的情绪，也可能是不愉快的情绪。但每个人表达情绪的方式不尽相同。因此，我们要学习控制自己的情绪，尤其是愤怒。

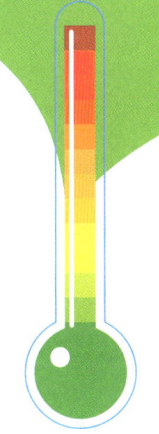

用时：20 分钟。
工具：一支笔、一张纸、活动素材手册中相应的"情绪温度计"卡片、剪刀。
参与者：独自完成或者和家人、同学、朋友一起做。

这项活动有什么用

你的情绪（比如快乐、恐惧、悲伤、愤怒……）可能会非常强烈，有时甚至会压垮你。当情绪涌上心头时，你觉得很难控制它，尤其在愤怒这种情绪下，你可能会做出一些暴力的行为或者说出一些让你后悔的话。好消息是，你可以学会调节自己的情绪。你可以将这张"情绪温度计"卡片贴在书桌上，在需要时使用，它真的能够帮到你。

轮到你了！

1. 请剪下活动素材手册中相应的"情绪温度计"卡片。它分为三个部分：底部是"平静区"，中间是"激动区"，顶部是"危险区"。

2. 首先你需要感受到自己的情绪"在升温"，就像发烧时体温的上升一样。别忘了你已经学会通过观察面部表情、身体姿势和肌肉的紧张程度来察觉情绪。

3. 在绿色区域（表示一切正常）和橙黄色区域之间，你能感受到情绪在逐步加剧。

4. 在"激动区"，你仍然可以采取行动来控制情绪，避免情绪失控而大爆发。

5. 做深呼吸来帮助自己平静下来。

拓展用法

你还可以参考以下控制情绪的步骤，制作属于你自己的情绪控制锦囊：

- 在做出行动和回应前，先停下来让自己独处，稍作思考。
- 在思考时，做深呼吸，让自己平静下来。
- 想出一种解决办法或寻求帮助。
- 对自己说："我有能力控制这种强烈的情绪。"

活动 17

行动

知道如何接纳和管理自己的情绪是一件好事,但如果还能够识别他人的情绪,那就更棒了!这项活动的模板可以帮助你在不同情景中进行自我评估,从而有效地管理自己和他人的情绪。

用时:20 分钟。
工具:下文中的模板、一支笔。
参与者:独自完成或者与家人、同学、朋友一起完成。

这项活动有什么用

有了这个模板,你就可以在现实以及想象的情景中识别出自己的情绪状态,了解自己的想法、感受、行为,并评估这些行为的后果。这样,你就可以找到更多的解决办法以及与他人互动时可以采取的不同行为。有时,仅仅是变换一个词或一种不同的态度,就能让你与朋友们的关系发生转变。

轮到你了！

1 请看下一页的模板。

2 请先填写上方的三个框。

- 情景：请描述一个你经历过的（或想象中的）情景，发生了什么？当时谁在场？
- 行为：你做了什么，说了什么？
- 结果：这给你自己和其他人带来了什么结果？这种结果可以是积极的，也可以是消极的，也可能是心理上的、情绪上的或者生理上的。

3 然后填写下方的气泡。

- 你的语言：你有没有表达出来？你和谁说了？你说了什么？你的语气是什么样的？
- 你的想法：当时你想到了什么？脑海中有什么办法？你觉得自己怎样？
- 你的情绪：你能识别出自己在当时的情景下有什么情绪吗？你的感受如何？
- 你的身体感受：你的身体有没有给你报警？在当时和之后你感受到了什么？

4 现在请思考一下，如果你改变了一个或多个参数（例如采取了不同的做法，或者说了另外一句话），事情又会怎样发展呢？

活动 18
自信表达

敢于表达自己的意见，态度既不消极也不具有攻击性，这就是我们所说的自信表达。

用时：5 分钟。
工具：下文展示不同态度的插图、一支笔。
参与者：独自完成。

这项活动有什么用

消极的态度是指不敢表达、害羞，有时甚至惧怕别人。

攻击性则是一种让别人害怕的态度。

而自信表达是能够平静地表达自己的观点，同时尊重他人意见的表达方式。这样我们就能与他人进行良好的沟通，而不产生冲突。

 轮到你了！

❶ 请看下面不同的态度，识别出哪些是：

- 攻击性的态度。

- 消极的态度。
- 自信表达的态度。

2 将你的答案写在每种态度的下方。

建立自信

　　自信是在每天的生活中逐渐培养的。我们对自己的评价叫做自尊，这对我们至关重要，因为自尊是自信的基础。我们需要在日常生活中了解自己的特点和优势。

　　每天都有许多消极的念头像刹车一样阻碍着我们的行动，要相信自己和自己的能力，这实在是太难了！

　　因此，"天使"（积极的自己）必须给"魔鬼"（消极的自己）禁言。自信是一种能够帮助我们避免成为受害者或施暴者的方式。

活动 19
百宝箱

想要拥有自信,就要了解自己的优势、个人特质以及所有藏在自己内心深处的宝藏。

用时:15 分钟。
工具:一个小盒子、下文中的问题、一支笔、剪刀。
参与者:独自完成或者与家人、同学、朋友一起完成。

这项活动有什么用

通过这项活动,你将发现自己的特质和优势。每个问题的答案都是构成你个性的宝藏之一。即使你可能也有一些小缺点,但看到自己最好的一面,对于认识自己并建立自信是非常有帮助的。

请真诚地面对自己,开始寻找你内心的积极资源吧。

轮到你了!

1. 准备一个漂亮的盒子,你要用各种小纸条装满它。给它起个名字就叫"百宝箱"吧。

建立自信

2. 通过回答下面的问题来找出自己的优点。你可以独立完成，也可以请家长来帮忙。

3. 剪下至少六张小纸条。在纸条上把你的优点写下来、画出来或者做成拼贴画，然后把这些纸条都放进你的百宝箱里。

4. 完成后，仔细阅读你所有的优点，细细品味它们，告诉自己，你是一个很棒的人，你拥有这么多优点。

5. 每当你发现了自己一个新的优点时，不要犹豫，随时往百宝箱里添加一张纸条。

3

你擅长做什么?

你喜欢自己的哪一点?

你的优点是什么?

为什么你是一个值得称赞的人?

你喜欢做什么?

你为自己的哪些方面感到骄傲?

你是一个很棒的人,
你很有价值,有很多长处。

活动 20
大侦探

指纹让我们每个人都成为地球上独一无二的个体。独一无二意味着我们每个人都拥有自己的个性、外貌和特质。

用时：5 分钟。
工具：手指、墨水。
参与者：和家人一起完成。

这项活动有什么用

你的指纹与家里的每个成员都不同。即使来自同一个家庭，每个家庭成员依然是独一无二的。你可以考考自己，看看你能辨认出谁的指纹。你还可以让父母和你一起玩这个侦探游戏，看谁能找出每个人对应的指纹。

轮到你了！

1. 全家人都选择同一根手指（选择拇指或食指最简单）。
2. 把你的手指放到墨水里，沾上颜色。

3 然后，将手指轻轻地按到下面的第一个框里，并迅速抬起手。

4 用水和肥皂洗净手指。

5 请家里的每个成员都重复上面的操作步骤，记得要使用相同的手指。

6 观察一下，你们的指纹一样吗？

活动 21
我的家族

家是我们成长和感受爱的地方。知道我们从哪里来是非常重要的，因此我们需要了解我们的根和我们家族。

用时： 30~45 分钟。
工具： 活动素材手册中相应的树形家谱模板、剪刀、胶水、一支笔、一张纸。
参与者： 独自完成或和家人一起完成。

这项活动有什么用

你知道你的祖父母叫什么名字、做什么工作、住在哪里、喜欢什么吗？那你的曾祖父母呢？你对他们又了解多少？即使他们已不在人世，他们仍然对于探究你的家族历史至关重要。制作家谱是解锁家族背景的一把钥匙。自尊和自信往往来自于对家庭和文化的深切归属感。当你真切地感受到与家族的历史和祖辈紧密相连时，自信便有了坚实的根基。在制作家谱的过程中如果遇到难题，别忘了，父母会是你的好帮手。

3

轮到你了！

1. 请将活动素材手册中相应的树形家谱模板剪下来。
2. 搜集每个家庭成员的照片，将照片贴到家谱上。
3. 如果没有照片，你可以画一个头像，或者直接写下这个人的姓名。
4. 把家谱挂到你的房间里，这样你就能时刻感受到与家人的亲密联系了。

拓展用法

你也可以在一张白纸上，画一张全家福，把每一位对你重要的家庭成员都画出来。如果书里的家谱模板缺少某个对你而言非常重要的人（在重组家庭中可能会出现这种情况），你可以添上新的分支，或者重新制作一份独属于自己的家谱。

活动 22
我的徽章

培养自己的独特性是一种能力。为了实现这一点,我们需要了解自己,认识自己的价值和优点,并为之自豪。这是我们每天都应进行的练习。

用时:20 分钟。
工具:下文中的徽章模板、一支笔。
参与者:独自完成或者与家人、同学、朋友一起完成。

这项活动有什么用

培养自尊的关键在于学会了解自己。深入了解自己不仅能让你更懂自己,还能帮助你理解他人的独特之处与个性特点。通过制作徽章,你可以识别出自己的优点,同时接纳自己的缺点。无论是优点还是缺点,它们都是你的一部分,共同构成了你的个性。记住,你是独一无二的,但这并不意味着你是孤独的。

3 轮到你了！

① 请看下一页的徽章模板。

② 使用文字或图画来回答以下问题，并将它们填入徽章中。

- 你最喜欢参加哪些课外活动？
- 你喜欢做什么？
- 你不喜欢做什么？
- 你有哪些优点？
- 你对自己或家人有哪些祝愿和期待？你有哪些梦想和愿望？

给成人的建议

请不要忘记告诉你的孩子，他是一个很棒的人，拥有自己独特的价值。

建立自信

3

我喜欢的课外活动　　　　我喜欢做的事

我的优点　　　　我不喜欢做的事

我的愿望

活动 23
"天使"与"魔鬼"

如何建立自信呢？当害怕的情绪过于强烈时，它会让我们的思维瘫痪，阻止我们采取行动。我们每个人心中都有两个角色："天使"和"魔鬼"。下面让我们来认识这两个角色。

用时：10 分钟。
工具：下文中的模板、活动素材手册中相应的卡片、彩笔、剪刀、一张纸、一支笔。
参与者：独自完成或者和家人、同学、朋友一起完成。

这项活动有什么用

"魔鬼"象征我们内心那些引发恐惧的想法，比如害怕做某件事、害怕失败或者害怕与人交流。它代表消极的思维方式。

"天使"则是那个帮助我们克服这些恐惧的角色，鼓励我们在即使预见到结果可能不尽如人意的情况下，依然勇敢采取行动。

当我们能够识别出自己消极的想法时，便可以将这些负面情绪转化为积极的动力。因此，通过识别并面对我们的恐惧情绪和消极想法，我们就能扫除那些阻碍我们建立自信和付诸行动的障碍。

建立自信

轮到你了！

1. 使用下一页的模板。
2. 请为"天使"和"魔鬼"分别选择一种颜色，并给它们上色。
3. 将活动素材手册中相应的卡片剪下来。
4. 现在想一想，哪些想法属于"天使"的想法？将这些想法放在"天使"的下方，并为这些想法涂上和"天使"相同的颜色。
5. 哪些想法属于"魔鬼"的想法？将这些想法放在"魔鬼"的下方，并为这些想法涂上和"魔鬼"相同的颜色。
6. 如果遇到困难，你可以向他人寻求帮助。

拓展用法

写下你自己的消极想法，为这些想法涂上和"魔鬼"相同的颜色；写下你自己的积极想法，为这些想法涂上和"天使"相同的颜色。

3

天使　　　　　　　　**魔鬼**

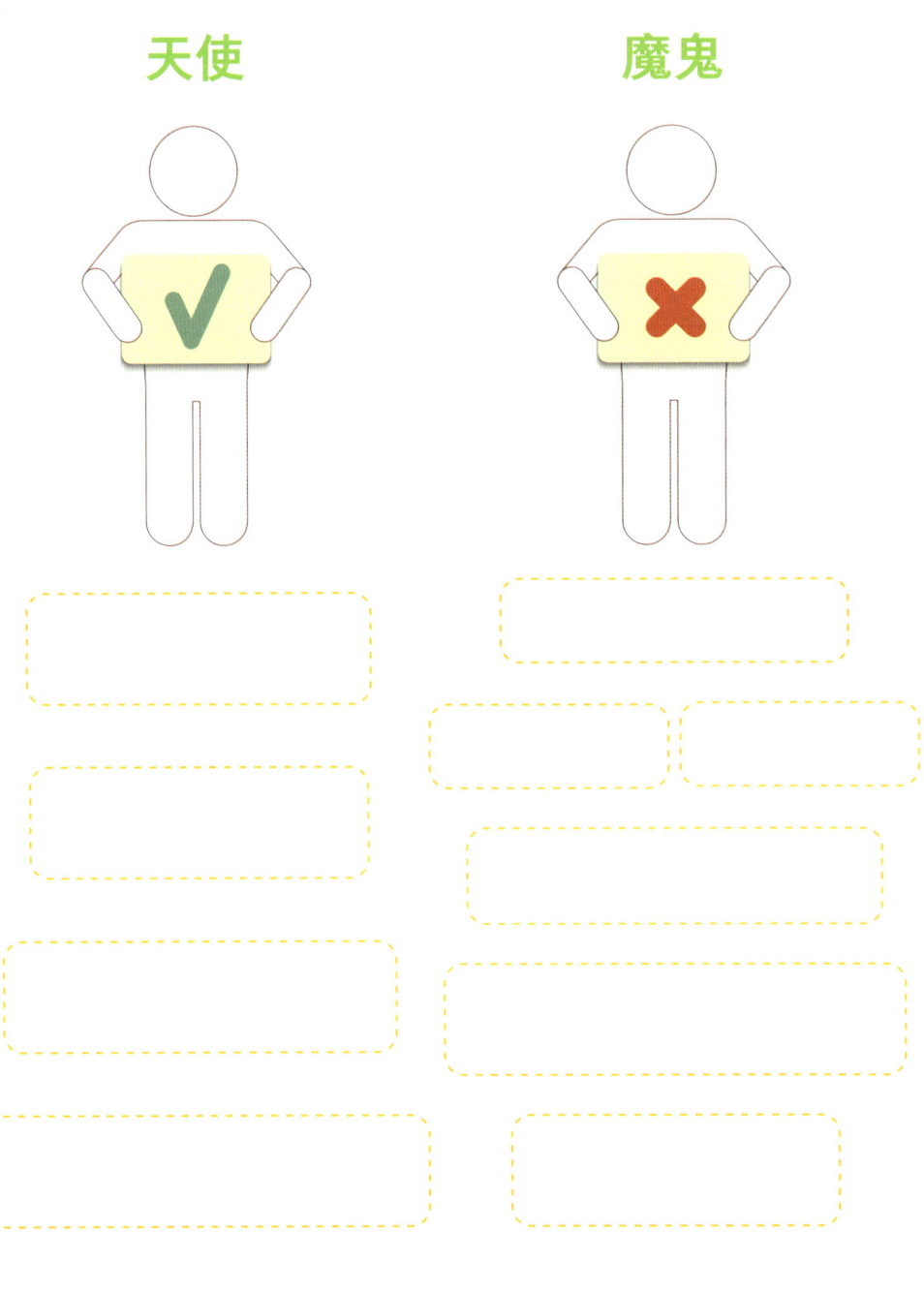

活动 24

思想体操

"魔鬼"会让我们贬低自己,阻碍我们的行动;而"天使"则会鼓励我们,让我们敢于付诸行动。

用时: 15 分钟。
工具: 一张纸、一支笔。
参与者: 独自完成或者与家人、同学、朋友一起完成。

这项活动有什么用

你能够感受到自己时刻被家人的关爱所包围,并且在之前的活动中已经发现了自身的优点和强项。现在是时候给"魔鬼"禁言了,因为"魔鬼"的声音往往比"天使"的更响亮。让我们开始吧,不要听信"魔鬼"的话,因为它对你没有任何帮助!请认真回答以下问题。

轮到你了!

❶ 选择一个你经历过的并觉得困难的情景,简要描述你当时脑海中的消极想法。

3

魔鬼说：..

....

....

2 回答下列问题，给"魔鬼"禁言：

- "魔鬼"是在帮助我，还是在阻碍我？

....

- "魔鬼"说的是真的吗？是现实情况吗？

....

- 我能证明"魔鬼"说的是对的吗？

....

- 我会对我最好的朋友说这种话吗？

....

- 如果不会，我会对朋友说什么？

....

....

....

谢谢你，天使！

给成人的建议

当你听到孩子出现消极想法时，不要犹豫，马上通过提问引导孩子思考，让他认识到这些想法与事实不符，从而帮助他克服消极情绪。

活动 25
我拥有自信

"魔鬼"是我们最大的敌人,因为它会用谎言迷惑我们,使我们失去对自己的信任。"天使"则是我们最坚实的盟友,它用温暖的话语帮我们建立自信。本项活动旨在将内心的"魔鬼"转化为"天使"。

用时:20 分钟。
工具:一张纸、彩笔。
参与者:独自完成。

这项活动有什么用

自信意味着相信自己及自身的能力。你具备许多优点,但为什么"魔鬼"会选择忽略它们呢?不过,既然你已经学会了识别消极思维,就可以选择不去理会那些负面的声音,而是跟随"天使"的指引,让它为你助力。即便如此,你还是会像其他人一样,在追求成功的道路上遇到错误和疑惑。但请记住,最重要的是勇于尝试。

3 轮到你了！

1. 在纸上画出这样一个情景：你成功地应对了挑战，尽管结果并不完全符合你的预期，但在这个过程中，你感受到了"天使"给你的安慰。

2. 画出所有的细节以及当时在你身边的每一个人。

3. 写下你当时的全部想法，以及其他可能对你有帮助的行为，比如深呼吸。

4. 列出在这次成功的经历中，你所展现出来的所有优点。

5. 太棒了！你已经克服了自己的恐惧，展现出了最好的自己。今后一旦当你对自己产生了怀疑，就可以回顾这次经历：你曾经成功地让"魔鬼"禁言，而下一次你也一定能做到，因为你有"天使"相伴！

活动 26
说"不"

所谓自信表达,就是能够冷静地拒绝不适合我们的情况,并清楚地知道自己想要什么。

用时:20 分钟。
工具:无。
参与者:独自完成或者与家人、同学、朋友一起完成。

这项活动有什么用

通过这些练习,你将学会利用声音、眼神和肢体语言表达拒绝。

学会说"不"意味着拒绝那些你不希望参与的情景(比如恶作剧、打架或霸凌等)。拥有自信并相信自己的判断力是一种力量。记住,每个人都是独一无二的,你不必喜欢别人所喜欢的,也不必做和别人一样的事。

轮到你了!

❶ 这是第一个练习,请找一段至少有六个台阶的楼梯,并请人为你读出以下引导词。

3

第一步，站直身体，想象有一条线从你的头顶连接到天空。

第二步，回想一个你最近的成功经历，给自己加油打气。

第三步，感受你身上的压力，将它想象成一个能帮助你成功的能量球。

第四步，回忆一个爱你的人，在心里对他说"谢谢"。

第五步，设想自己成功的模样。

第六步，开始行动吧，相信自己，全力以赴！

2 这是第二个练习，你可以与他人一起完成。

走进一个已经有其他人所在的房间。

站在房间中央，挺胸抬头，面带微笑，双臂自然下垂，双腿伸直，并注视着房间里的人。

然后，平静地进行自我介绍。

③ 这是第三个练习,请家人陪同你一起完成。在房间或走廊里模拟与人擦肩而过的情景。保持背部挺直,双臂自然下垂,抬头并与对方保持眼神接触。接着,停下来,跟对方说"不行"或者"你好"。

④ 这是第四个练习,站在镜子前,对着镜子说"不行",同时看着自己的眼睛,保持身体挺直,就像之前学到的那样。

调整你的声音,保持自信但不具有攻击性,也不显得过于软弱。现在,轮到你了!

给成人的建议

孩子需要你们的帮助来理解他在某些情况下有权说"不",例如在与兄弟姐妹相处时。

活动 27
我为自己代言

什么是广告？广告就是展示某个事物，例如突出一个产品的优点。

用时：30分钟以上。
工具：根据你选择的媒介，可以是海报（会用到笔、纸、剪刀、胶水、杂志）、视频或图片。
参与者：独自完成或者与家人、同学、朋友一起完成。

这项活动有什么用

这项活动将教你通过制作广告来宣传自己，展现你的特点和优势。既然你已经了解了"天使"的特质，那就开始行动吧！完成后，别忘了自豪地向朋友或家人展示你的广告，这会让你更加自信！加油！

轮到你了！

1. 这项活动是一个创作过程，你可以自由选择使用的媒介（如海报、视频等）。

2. 制作一则广告时，要突出你喜欢做的事情和你擅长的领域，也就是你的优势和技能。

3. 试着为你的广告设计一个口号，就像你在电视广告中看到的那样。

4. 完成后，请家人或朋友坐下来，向他们展示你的广告。展示时，一定要站直身体，保持语气坚定而平静，并与他们保持眼神接触。

祝贺你，你做到了！

培养同理心

同理心意味着我们能够设身处地为他人着想。

同理心包括理解他人、感受他们的情感或经历,并知道如何提供帮助或支持。具有同理心的人对他人的感受非常敏感,能够关心他人的情感状态。

没有哪一门课程可以直接教会我们成为一个有同理心的人,因为同理心更像是一种心态或特殊的敏感性,类似第六感,需要在一生中不断地培养和发展。

同理心体现了对他人的宽容和尊重,接纳人与人之间的差异。

拥有同理心不仅能带给你极大的快乐,还能让你从他人那里获得关注和关怀,就像你给予别人的一样。

活动 28

社交关系树

我们有朋友，我们会和朋友一起玩耍、大笑、探索世界、分享秘密和情感。我们几乎会对朋友倾诉所有的事情，最重要的是，我们互相信任。我们还认识一些人，和他们在一起时也能谈笑风生，相处融洽。最后还有一些人，我们只是点头之交，彼此并不熟悉。

用时：15 分钟。
工具：下文中的社交关系树模板、彩笔。
参与者：独自完成。

普通朋友

这项活动有什么用

这项活动是个人化的，只与你自己相关。它能帮助你将认识的人分类，因为并不是每个人都是你最好的朋友。

事实上，你可能有一个最好的朋友，你们一起做所有事情，但有时这可能会导致你失去自己的个性。因此，你需要保持对他人的好奇心。通过制作社交关系树，你会发现（或者重新发现）身边其他的人。如果你是一个孤独或害羞的人，你会发现其实你并不像自己想象的那么孤单。

最好的朋友

培养同理心

4

这棵社交关系树将帮助你对友谊进行分类,哪些人是你的挚友、普通朋友、同学、身边不怎么了解的人、熟悉的陌生人(比如你父母的朋友),这些都将由你来决定。

轮到你了!

1. 请看下一页的社交关系树,观察树上挂着的每一片树叶。

2. 在每片树叶上写下一个你认识的人的名字。如果树叶不够,你可以添加更多的树叶。

3. 现在,给树叶上色:

   - 把写着你最好的朋友的树叶涂成蓝色。
   - 把写着你普通朋友的树叶涂成绿色。
   - 把写着你有时会说上几句话的同学的树叶涂成黄色。
   - 把写着你不熟悉的同学的树叶涂成橙色。

蓝色 ■ 最好的朋友
绿色 ■ 普通朋友
黄色 ■ 有时会说上几句话的同学
橙色 ■ 不熟悉的同学

　　如果你的社交关系树上有很多黄色或橙色的树叶，那就赶快去了解那些与你相处时间不长的孩子吧。
　　多样性会给你力量，不断丰富你的友谊之树。

活 动 29

宽容

宽容意味着接受差异。两个朋友不一定有相同的观点、信仰或生活方式。我们每个人都是独特的,这其实是一件好事。

用时:20 分钟。
工具:活动素材手册中相应的漫画。
参与者:与家人、同学、朋友一起完成。

这项活动有什么用

你和你朋友之间的差异是集体中的真正财富。在这项活动中,你将回答下一页的问题,并与家人进行讨论。然后你就会发现每个人可能持有不同的观点。记得要保持好奇、积极和宽容的态度,这样其他人也会对你表现出同样的宽容。

轮到你了!

❶ 剪下活动素材手册中相应的漫画。

4

2 认真阅读漫画。

3 先试着自己回答下一页的问题,然后与家人或朋友一起讨论。

4 现在,与回答过这些问题的人进行辩论。

宽容能帮助我们与他人建立丰富和谐的关系。
- 我能倾听与自己不同的意见。
- 我不会以貌取人。
- 我对他人的信仰和文化保持开放和好奇的态度。

关于漫画的问题

- 这群孩子为什么要嘲笑新来的同学?
- 新来的同学与其他孩子有哪些不同之处?
- 乔治与大家相比有什么不同?大家与乔治相比有哪些不同?
- 你觉得大家对乔治的态度是怎样的?
- 露西为什么要帮助乔治?
- 露西具体做了什么?
- 露西向大家提出了什么建议?
- 你对露西的建议有何看法?
- 这群孩子和乔治之间发生了什么事情?
- 你觉得大家最后提出的建议怎么样?
- 你如何看待开放和尊重?你认为他们对乔治的帮助意味着什么?

进一步思考

- 为什么接受彼此之间的差异如此重要？
- 差异如何能成为一种力量或财富？
- 当遇到不宽容的情况时，我们应该如何应对？
- 我们是否应该容忍一切，例如歧视或人与人之间的不平等？

拓展内容

找出以"宽容"（TOLERANCE）的每个字母开头的词语，这些词语能够帮助你变得更加宽容，就像漫画中的情节所展示的那样。

T..
O..
L..
E..
R..
A..
N..
C..
E..

活动 30

朋友

做朋友和保持友谊都需要遵守一些规则。

用时：10 分钟。
工具：下文的英文填字游戏、一支笔。
参与者：独自完成或者与家人、同学、朋友一起完成。

联　结

这项活动有什么用

与朋友或同学保持友谊，有时需要付出一些努力，并且遵守一定的规则。

- 我用语言而非动作来表达我的情绪。
- 我说话始终保持清晰、平静和礼貌。
- 我尊重他人的言论和时间。
- 我关心他人，不评判或取笑他人。
- 我会帮助他人，并接受他人的帮助。
- 我在借东西或做事情之前先征求对方的许可。
- 我尊重我的朋友，对他们有礼貌，信任他们，他们也这样对我。

培养同理心

轮到你了！

在下面的英文字母游戏中填入缺失的字母，这些都是以 CO 开头、与友谊有关的单词。

以 CO 开头、与友谊有关的英文单词

活动 31
1-2-3

拥有朋友意味着给予他们鼓励,用美好的话语去支持他们,发现并表扬他们的优点。

用时:5 分钟。
工具:下文中的表格、一支笔。
参与者:独自完成或者与家人、同学、朋友一起完成。

这项活动有什么用

我们总喜欢指出他人的不足,有时甚至会一直取笑别人。

但其实,我们都喜欢得到别人的赞赏。那么,就让我们将这种令人愉悦的习惯传递下去,多多夸奖你的家人和朋友们吧!

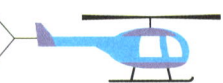

❶ 不用过多思考,直接填写下面的表格即可。

❷ 如果还想写下更多人的优点,表格下方也留有充足的空间。

我认识的人	优点
我的兄弟姐妹	
我的同学	
我的玩伴	
我的邻居	

给成人的建议

在批评孩子之前，记得先夸奖他们三句。这种方法既简单又对孩子大脑的健康发展非常有益。

活动 32

尊重规则

尊重涵盖了多个方面，尊重自我（包括尊重自己的身体和性格）、尊重他人（例如待人宽容和采取适当的沟通方式）、尊重财产和物品（例如爱护学校的公共设施），以及尊重规则和权威。虽然有时这些要素可能让人感到受限，但它们对于实现和谐共处至关重要。

用时：15 分钟。
工具：一张纸和一支笔。
参与者：独自完成或者与家人一起完成。

这项活动有什么用

如果每个人都只做自己想做的事，无论是在家里、学校还是社会中，我们都难以相互理解并共同生活。每个家庭的生活规则不尽相同。通过这项活动，你将探索家中需要遵守的规则，并整理成一份清单。接下来，你需要按照下面这些规则开展活动！

轮到你了！

1. 请拿出一张纸和一支笔，把你认为在家里应该遵守的重要规则写下来。

培养同理心

2 想象自己是个侦探,只能通过提问和观察来找到真相。询问父母认为哪些规则很重要,并记录下来。看看他们的规则是否与你写的相同。

3 填写下一页的表格,将规则分为三类。然后,重新整理这个表格,写在另一张纸上,并挂在显眼的地方(如厨房)。

给成人的建议

这项活动提供了一个机会,让您重新审视家庭中的规则。请注意:一两条适合孩子年龄且容易执行的规则,远比十条总是被忽视的规则更有效。

4

要遵守的规则	
对家的尊重	
对他人的尊重（包括对家人和对朋友）	
对自己的尊重	

活动 33

同理心卡片

同理心意味着能够设身处地理解那些正在遭受痛苦的人，比如迷路、感到悲伤或愤怒的人。我们应该如何帮助他们呢？

用时：10 分钟。
工具：活动素材手册中相应的"同理心卡片"。
参与者：与家人或朋友共同完成。

这项活动有什么用

同理心是社交关系的核心，它不仅仅停留在概念上。下面这项活动将给你机会去实践团结、同理心和互助精神。实际上，我们可以通过多种方式帮助那些处于困境中的人，例如陪伴、安慰、理解他人的痛苦、分享、提供帮助等。提供支持就是与他人团结在一起，这不仅能让被帮助的人受益，也能让你自己感到满足。通过这项活动，你将发现多种帮助他人的方式。

轮到你了！

1 请将活动素材手册中相应的"同理心卡片"剪下来。

2 将卡片放在桌子上，文字朝下，然后选出其中一张卡片。

3 阅读卡片上的内容，试着找出解决办法。

4 下面请另一个玩家选择一张新的卡片。

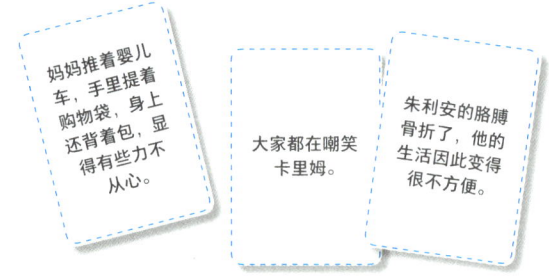

妈妈推着婴儿车，手里提着购物袋，身上还背着包，显得有些力不从心。

大家都在嘲笑卡里姆。

朱利安的胳膊骨折了，他的生活因此变得很不方便。

拓展用法

你可以自己设计卡片，写下基于你亲身经历的、可以帮助他人的建议或方法。

远离网络霸凌

什么是网络霸凌？网络霸凌指的是在互联网上发生的霸凌行为。

互联网是一个巨大的窗口，向全世界敞开，让我们能够接触到来自世界各地的知识、文化和人。

然而，我们也需要保持警惕，因为并非所有内容都适合孩子，而且有些别有用心的人可能会隐藏在屏幕之后。

不幸的是，网络霸凌在青少年群体中颇为常见。因此，学习安全地使用互联网，并尽早预防其潜在的危害就显得尤为重要了。

活动 34

计时器

你家里有多少个电子产品？你每周在电子屏幕前花费多长时间？

用时：每天。
工具：一支笔。
参与者：独自完成或者与家人一起完成。

这项活动有什么用

花在电子屏幕前的时间可能会影响你的睡眠、注意力和创造力。如果你的父母为此设定了时间限制，学会尊重这些限制是很重要的，同时你也要学会自己设定合理的使用时间。

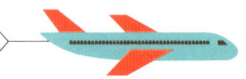

1. 每天记录你在电子屏幕前花费的时间。你可以使用计时器或手表来帮助记录，不要作弊哦。我们常常以为自己没有花很多时间在屏幕前，但实际情况往往并非如此！

② 你每周花在电子屏幕前的时间是多少分钟或者多少小时？你在周末还是周中花在屏幕前的时间更多？你具体是在什么情况下使用电子屏幕？

给成人的建议

孩子花在电子屏幕前的时间是数字教育的一部分。你要让孩子理解你为他设定的规则，这样他才能更好地接受这些规则。

你可以参考塞尔日·蒂斯隆⊖提出的 3-6-9-12 规则：3 岁以前，不接触电子产品；3-6 岁，限制电子产品的使用，使用时家长要陪在孩子身边；6-9 岁，与孩子讨论他看到的内容和他使用电子产品所做的事情；9-12 岁，陪伴孩子使用互联网，并讨论其中的潜在危险。

时长	周一	周二	周三	周四	周五	周六	周日	合计

拓展用法

找出家里的所有电子产品，数一数你能找到多少个：手机、平板电脑、游戏机、电视、抽屉里的旧手机、旧电脑……

⊖ Serge Tisseron，法国著名的精神分析师、心理学家和作家，特别以其在数字技术对儿童和青少年心理健康影响方面的研究而闻名。——译者注

活动 35
战斗

除了关注花费在电子屏幕前的时间，我们还需要关注观看内容的质量，以及孩子观看的内容是否适合他们的年龄。

用时：15 分钟。
工具：活动素材手册中相应的活动卡片。
参与者：与家人或朋友两人一组共同完成。

这项活动有什么用

不同的电子游戏适合不同年龄段的玩家。有些游戏可能包含暴力或极端暴力的场景，这可能会使你感到紧张、好斗，甚至影响你的睡眠质量。如果朋友邀请你玩你不喜欢的游戏，你可以选择离开，去参加其他活动。

轮到你了！

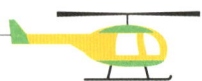

1. 剪下活动素材手册中相应的活动卡片。
2. 将这些卡片放在桌子上，抽出一张卡片，读出上面的问题。

3 尝试不看卡片背面就找出答案。

4 最后，看看谁答对的题目最多，谁就是赢家。

给成人的建议

　　为了保护孩子免受不适合他们观看的内容影响，你可以在电脑、平板电脑、电视或智能手机上启用家长控制功能。对于电子游戏，建议你与孩子一起检查游戏上的分级标签。即使他的朋友们都在玩某款游戏，也不代表这个游戏适合自己孩子的年龄。父母需要监督并管理孩子购买和下载的游戏内容。

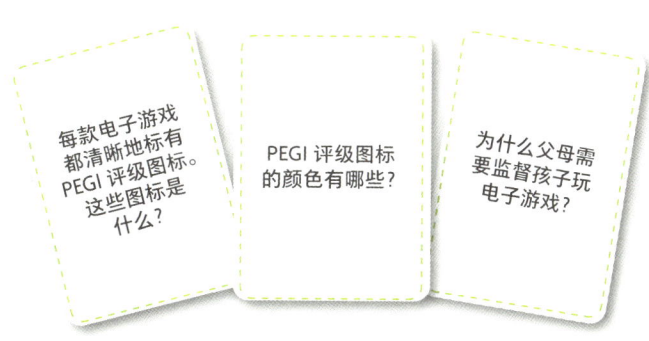

活动 36
深度思考

互联网确实非常有用,我们可以从中获取大量信息、探索世界并与他人交流。然而,为了确保上网安全,我们必须遵守一些基本的安全规则。

用时:5 分钟。
工具:无。
参与者:两人一组共同完成。

这项活动有什么用

为了上网安全,你需要了解上网可能会存在的风险,这非常重要。如果你对网上的内容感到不确定,一定要向大人寻求帮助。互联网的风险包括:

- 泄露个人信息。
- 遇到别有用心的人。
- 遭遇辱骂或网络霸凌。
- 接触到暴力或令人震惊的图片。
- 13 岁以下儿童使用社交媒体可能会存在更多的潜在风险。

作为亿万互联网用户中的一员,你应当了解尽可能多的相关知识,以保证自己的上网安全。

轮到你了！

1. 一个玩家负责提问，他要从下面的列表中选择一个问题。

2. 另一个玩家需要回答这个问题，但不能简单回答"是"或"不是"。

3. 如果谁不小心直接回答了"是"或"不是"，则交换角色。

问题列表

我9岁了，能注册社交媒体账号吗？

如果看到了令人震惊的图片，我应该断开网络连接吗？

辱骂是否属于网络霸凌的一种形式？

网上看到的所有内容都是真实的吗？

我可以随意在网络上分享个人信息吗？

如果一个不认识的人想和我聊天，我应该接受吗？

如果朋友想在网上发布我的照片，他有权这么做吗？

如果朋友想在网上发布他自己的视频，他有权这么做吗？

在网上购物需要父母的同意吗？

我可以打开陌生人发来的邮件吗？

活动 37
问答骰子

网络霸凌是指通过互联网进行的霸凌行为，包括嘲笑、侮辱、恶搞、身份盗用、排挤、造谣以及账户盗用等多种形式。

用时：15 分钟。
工具：活动素材手册中相应的模板、剪刀、彩笔。
参与者：独自完成或者与家人、同学、朋友一起完成。

这项活动有什么用

由于网络霸凌具有很强的隐蔽性，它往往容易发生，也容易在不被大人察觉的情况下对我们造成伤害。

然而，当你遭遇网络霸凌时，你有权并有能力采取行动。

值得注意的是，在法国，网络霸凌是违法行为，若施暴者年满 13 岁，将面临法律制裁[一]。

[一] 在中国，网络霸凌也是违法的。根据《中华人民共和国网络安全法》《中华人民共和国治安管理处罚法》以及《中华人民共和国民法典》等相关法律法规，网络霸凌行为可能会受到法律制裁。——译者注

给家长和孩子的工具箱

如果你遭受或目睹了网络霸凌，请保存所有的书面证据，并整理成档案（放入文件夹），档案应包含以下信息：

- 事件发生的日期和时间。
- 施暴者和其他目击者的名字。
- 截图保存的证据。

随后，可以向 Pharos 平台举报[一]，告知身边的大人或者报警。

轮到你了！

1. 剪下活动素材手册中相应的模板，制成一个骰子。
2. 在骰子每个面的中间写下下方列出的六个问题之一。
3. 在同一面的角落，使用不同颜色的笔写下对应的答案。

问题　答案

如果看到令人震惊的图片，我该向谁寻求帮助？ 信任的大人。
如果遭遇网络霸凌，我应该做什么？ 整理成档案。
在档案夹中，我应该记下什么？ 日期。
我应该如何处理网络霸凌的内容？ 截屏保存。
如果我认识这个人，我应该记下什么？ 他的名字。
我可以向谁举报？ 向警方或网络安全管理平台举报。

[一] Pharos 是法国政府用于监管和保护互联网环境免受非法内容侵害的平台，在中国，类似的平台包括但不限于中华人民共和国国家互联网信息办公室、中央网信办（国家互联网信息办公室）违法和不良信息举报中心。——译者注

活动 38
全方位防护

在互联网上，我们需要全面的保护措施，以确保安全上网。我们还应保持警惕，避免接触到不适合的内容和人。

用时：10 分钟。
工具：下文中的列表、一张纸和一支笔。
参与者：与家人、同学、朋友一起完成。

这项活动有什么用

全球有数十亿互联网用户，大多数人都是友善的，但也有一些人试图伤害他人。因此，对于不认识的人以及任何看起来不适合你年龄的内容，你都要保持警觉。如果遇到这种情况，要及时断开连接并向身边的大人求助。为了安全地使用互联网，有一些规则需要遵守。下文中列出了一些主要的规则，请仔细阅读并牢记它们，这样你就能识别并避免大多数网上可能遇到的危险。

> 轮到你了！

① 仔细阅读下一页的材料，了解使用互联网时需要遵守的主要规则。

② 与父母或朋友一起仔细阅读这些规则。

③ 从这些规则中选出三到四条你认为最重要的，抄写在一张纸上。

④ 将这张纸张贴在一个显眼的地方，比如家里的电脑旁，并始终遵守这几条安全规则。

⑤ 如果有一天你在网上遇到了问题，要迅速断开连接，并向父母寻求帮助，他们会知道该怎么做。

5 安全上网规则

1. 将电脑放置在家里的公共活动区域。
2. 关注自己花费在电子屏幕前的时间。
3. 遵守电子游戏中的年龄限制。
4. 在没有与父母沟通的情况下,不要泄露自己的姓名、地址、学校名称、电话号码或电子邮件。
5. 设置较为复杂的密码。
6. 谨慎选择要发布在网上的内容,因为照片和视频一旦发布便难以彻底删除。
7. 在发布照片、视频或个人观点之前要深思熟虑,因为这些内容会被所有人看到。
8. 不与陌生人交谈,也不打开陌生人发来的邮件。
9. 不在聊天中展示自己的面孔。
10. 绝不与朋友分享自己的密码。
11. 社交媒体仅限于 13 岁及以上的人使用[一]。

[一] 根据法国的法律,13 岁以上的未成年人可以在家长监督下注册社交媒体,而进入网络世界的法定年龄是 15 岁。目前我国没有统一的法律明确规定注册社交媒体的最低年龄限制,但相关机构和研究报告已经提出了类似的建议,各个社交媒体平台也自行设定了用户注册的年龄限制。——译者注

活动 39
网络尊重

什么是网络尊重（e-respect）？网络尊重指的是在互联网上对他人表示尊重。但是，在网上尊重他人具体意味着什么呢？

用时：15 分钟。
工具：无。
参与者：独自完成或者与家人、同学、朋友一起完成。

这项活动有什么用

在互联网的世界中对他人的尊重与现实生活中的尊重一样重要。己所不欲，勿施于人；尊重自己，也尊重他人。你会认识到，网络尊重是每个人都应遵守的基本准则，尤其是在数字时代。因此，确保使用互联网时行为得当至关重要，这有助于大家和谐共处。

轮到你了！

遵循以下步骤来实践网络尊重。

5

- 做好联系人的管理。
- 决定谁可以看到你发布的内容。
- 确定个人资料中的信息，并决定谁可以访问。
- 在交流中保持言辞温和。
- 不批评、不诽谤，因为这些行为可能违法。
- 如果看到朋友的不雅照片或视频，不要点赞。
- 如果看到对同学的嘲笑评论，不要点赞。
- 不要发布朋友的囧照。
- 在给朋友发布的内容点赞之前，先确认信息的准确性。
- 发布朋友的照片前，先征得朋友的同意。

学会解决冲突

校园霸凌往往始于一次同学间的冲突。

解决这种分歧，可以防止事态升级为伤害孩子的霸凌行为。

因此，当你作为冲突事件的目击者时，学会解决冲突就变得非常重要了，因为冲突中的人往往容易情绪失控。

你可以成为一个中立的调解者，努力为双方找到一个大家都能接受的解决办法。

通常，中立的帮助能够化解简单的分歧，使每个人都能回归平静。

活动 40

调解者

什么是调解者？调解者是一个中立的人，他试图帮助两个发生冲突的人达成和解。

用时：15 分钟。
工具：彩笔和黑笔。
参与者：独自完成或者与家人、同学、朋友一起完成。

这项活动有什么用

如果你看到两位同学发生冲突，在没有危险的情况下，你可以介入；但如果发生了打斗，则不要插手，应立即找一个大人来处理。

调解者需要具备以下特质：

- 独立，因为他不参与冲突本身。
- 公正，因为他倾听而不做评判。
- 中立，因为他要在不影响冲突双方意见的情况下，帮助他们找到一个双方都能接受的解决办法

现在，请你完成一幅调解者肖像。

学会解决冲突

轮到你了!

1. 下面这个人就是调解者汤姆。你认为他应该是个什么形象(想象他的表情、服装、配饰等)?

2. 请写下汤姆的想法和他说的话、他的感受以及他的行为表现。

活动 41
调解者的钥匙

成为一名合格调解者的关键在于了解解决冲突的步骤。

用时：15 分钟。
工具：活动素材手册中相应的卡片。
参与者：独自完成或者与家人、同学、朋友一起完成。

这项活动有什么用

这项技能将让你终生受用，因为学会管理冲突并掌握解决冲突的工具，是发展健康、平衡的社交关系不可或缺的能力。掌握了这些技巧，你就能够解决许多小冲突，避免它们升级为霸凌行为。当尊重成为主导时，大家才能更好地相处和玩耍。

因此，在遇到冲突时，请遵循以下四个步骤：

- 我保持中立。
- 我倾听。
- 我具有创造性。
- 我要寻找解决办法。

轮到你了！

1 请剪下活动素材手册中相应的卡片。

2 仔细阅读这张卡片。

3 记住这些关键的步骤。

4 和家人或朋友一起练习。

保持中立与平静
我保持平静并微笑。
我不偏袒任何一方。
我不做是非评判。

倾听
我倾听事实，以理解争执的根源。
我倾听每个人的感受（情绪）。
我与他们一起明确要解决的问题。

我具有创造性
我表示："我理解你们双方，我们一起来找解决办法。"
我请双方共同寻找一个大家都能接受的解决办法。
我充满创造力，我能够帮助他们。

寻找解决办法
我确保找到的解决办法能得到执行。
我向每个人（包括我自己）表示祝贺。
如果大家都不愿意接受这个解决办法，我会寻求大人的帮助。

活动 42

预警的小铃铛

在解决两个同学之间的分歧之前,首先需要学会识别冲突的迹象。

用时:10 分钟。
工具:无。
参与者:独自完成或者与家人、同学、朋友一起完成。

这项活动有什么用

解决冲突的第一步是识别这些迹象。以下是常见的一些冲突表现:

- 一个孩子指责另一个孩子说"他是故意的","都是他的错"。
- 一个孩子批评另一个孩子说"他是个废物","他太小了","他什么都做不了"。
- 一个孩子打断另一个孩子说话,把他推开,愤怒地离开,并拒绝听对方讲话。

所有这些通过肢体和语言表现出来的行为,都应引起你的警觉,就像小铃铛一样提醒你要注意他们的语调、情绪、身体状态、姿势和态度等细节。下面请你观察照片并识别冲突的迹象。

学会解决冲突

轮到你了！

1 仔细观察下面的图片。

2 请试着回答以下问题：

 你认为发生了什么事？

 是什么让你觉得这两个孩子之间发生了冲突？

 你从他们的脸上看到了什么？

 他们表现出什么样的态度？

 根据你的判断，他们在想什么？

 你能进行调节吗？

❸ 现在,观察下面的四张照片,然后回答和前面相同的问题。

活动 43

我的奖状

在了解了校园霸凌和网络霸凌之后,你学会了管理自己的情绪、尊重他人,并掌握了处理冲突的技巧。

恭喜你成功完成了所有任务,来到了这本活动手册的最后!这是值得庆祝的时刻,因为你完全值得拥有这份荣誉!

用时:5 分钟。
工具:活动素材手册中相应的奖状模板。
参与者:独自完成。

这项活动有什么用

奖状不仅是对你在这本手册中所学知识的认可,也象征着你可以将这些宝贵的知识应用到日常生活中。记住,不要让这些知识被遗忘在抽屉深处。当你需要时,记得翻开这本手册进行复习。现在,请按以下步骤完成你的奖状。

6 轮到你了！

1. 剪下活动素材手册中相应的奖状模板。

2. 在奖状上填写姓名和日期。

3. 若有兴趣，可以添加与书中创意活动相关的装饰。

4. 给奖状加上一个精美的边框。

5. 最后，把它展示在你的书桌上。

拓展用法

思考一下，在这本手册中，你最喜欢的活动是哪一个？为什么它给你留下了深刻的印象？

请制作一个信封,用来收纳所有的卡片。

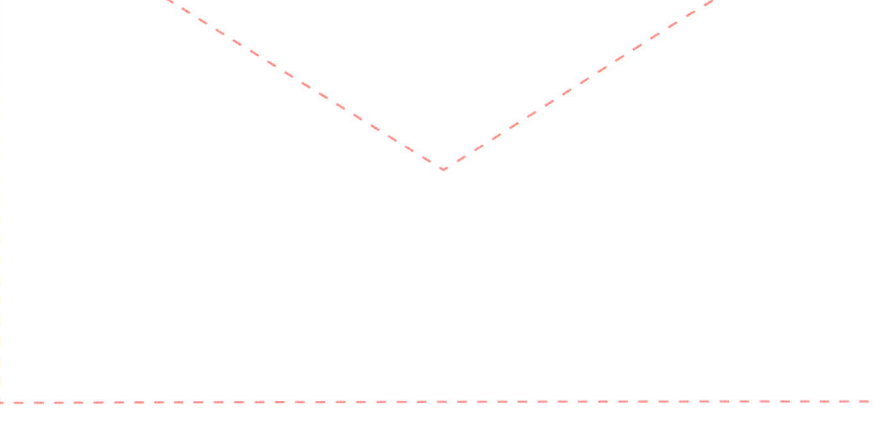

活动素材手册

活动 3

冲突还是霸凌

沿虚线剪下

活动 3	活动 3	活动 3
冲突还是霸凌	**冲突还是霸凌**	**冲突还是霸凌**
活动 3	活动 3	活动 3
冲突还是霸凌	**冲突还是霸凌**	**冲突还是霸凌**

活动 8
我该怎么办

应对策略卡

面对霸凌，切勿选择沉默，因为这可能会让施暴者误以为他们拥有更多的权力。

说出来

（适用于所有孩子）

如果你是目击者、受害者或对自己行为感到不安的施暴者，请尽快向信得过的大人（如父母、老师、教育工作者、朋友、同学、校医、医生、心理专家等）寻求帮助。

如果你觉得难以启齿，可以通过写作或绘画的方式来描述你的经历。

有了大人的介入，学校可以制定行为规范并开展预防教育。这些措施都能帮助受害者。

永远不要保持沉默

给受害者的建议

你并不孤单。

你不是问题的根源。

你不应遭受任何形式的霸凌。

你不必感到内疚或自责。

要及时向身边的大人倾诉你的遭遇，并尽可能提供详细的信息。

没有人会因此而责怪你，因为发生在你身上的这些事都不是你的责任。

你可以拨打免费的 3020 热线电话寻求帮助。

告知你的父母，让他们联系你所在学区的霸凌调解员②，如果情况特别严重，可以选择报警。

如果你是施暴者，你需要大人的帮助

或许你觉得自己需要通过霸凌来证明自己的力量。

也许你不知道如何赢得他人的尊重与喜爱。

你可以寻求专业人士的帮助（例如医生、护士、心理专家），他们可以帮助你理解自己愤怒（攻击性）的根源。

听听大人的意见，他们的目的是帮助你改善人际关系，而不是惩罚你。

对你来说，霸凌可能只是一场游戏，但实际情况并非如此。你需要反思自己的行为，并与朋友或家长讨论。

尝试与受害者和解。

如果你是目击者，请采取行动

记住，一群团结起来的目击者的力量远超过任何一个施暴者的力量。

没有人能强迫你做违背自己意愿的事。

向一位你信得过的大人报告你所看到的情况。你不是在"告密"，而是作为反对暴力的一分子站出来发声。

给受到伤害的孩子一些支持，让他并不孤单。你可以跟他聊聊天，跟他一起玩。

不要再为施暴者的恶作剧行为鼓掌。如果没有观众，就不会有霸凌。

尽力劝说施暴者停止他的行为，尤其当他是你的朋友时。

如果学校有调解员，也可以向他们寻求帮助和指导。

---

① 法国的 3020 热线原来是用于校园霸凌求助的。从 2024 年起，法国应对校园霸凌的热线电话统一为 3018。3020 目前为骚扰滋扰报警电话。在中国，有以下一些常见的求助途径：13248 全国青少年法律援助热线，12355 中国未成年人保护热线。——译者注

② 霸凌调解员是法国教育系统中的一个专职职位，每个学区都有一位专门的工作人员，负责为学校提供有关预防和应对校园霸凌的支持和指导，以及协调和处理校园霸凌事件。——译者注

沿虚线剪下

活动 8
我该怎么办

活动 12

情绪模仿游戏

沿虚线剪下

活动 12	活动 12	活动 12
情绪模仿游戏	**情绪模仿游戏**	**情绪模仿游戏**

活动 12	活动 12	活动 12
情绪模仿游戏	**情绪模仿游戏**	**情绪模仿游戏**

活动 12	活动 12
情绪模仿游戏	**情绪模仿游戏**

活动 16
情绪温度计

危险区

我会想办法寻求帮助。

我需要平静下来，得到一些安慰。
如果附近有公园，
我可以去跑步放松心情。

使用 STOP 法则

S-stop：停下来。

T-three：做三次深呼吸（参考活动 11 中的呼吸练习）。

O-observe：观察

为什么我会有这种情绪？

是什么让我处于这种状态？

我的情绪是强烈的、中等的，还是微弱的？

P-proceed：采取行动控制情绪，找出解决办法或者寻求帮助。

用呼吸让自己平静下来

- 坐下来，闭上眼睛。
- 深深地吸气，数到 5，然后呼气，再数到 5。
- 当你感觉稍微平静一些时，在每次呼气时心里默念"放松"或者其他有助于你放松的话，比如"再做 10 次呼吸，我就会彻底平静下来"。
- 接着，逐一放松身体的每一块肌肉。
- 当你感到彻底放松后，轻轻睁开眼睛。
- 太棒了，你已经成功地调节了自己强烈的情绪！

激动区

平静区

沿虚线剪下

活动 16
情绪温度计

活动 21
我的家族

树形家谱模板

沿虚线剪下

活动 21
我的家族

活动 23

"天使"与"魔鬼"

我的想法

我永远都做不好。

如果他做不了，那我也做不了。

我是个废物

我是个丑八怪。

我一定能考好，因为我认真复习了，我都记住了。

所有人都笑话我。

我还是闭嘴吧，我从来都答不对。

我不比别人笨。

我晚上无法入睡。

我能行，我以前就做到过。

沿虚线剪下

活动 29
宽容

沿虚线剪下

活动 29
宽容

沿虚线剪下

活动 33
同理心卡片

我的同桌卢卡斯遇到了一些困难。	我看到朱莉的眼泪滑过她的脸颊。	大家都在嘲笑卡里姆。	朱利安的胳膊骨折了，他的生活因此变得很不方便。
艾米丽把自己关在了厕所里。	马尔万不敢一个人回家。	一位手持白色拐杖的老先生极其缓慢地过马路。	卡罗琳娜经常生气。
一位老奶奶上了公交车。	妈妈推着婴儿车，手里提着购物袋，身上还背着包，显得有些力不从心。	我弟弟搞不懂乘法的概念。	我在电视上看到了有人虐待动物的画面。

沿虚线剪下

活动 33 同理心卡片	活动 33 同理心卡片	活动 33 同理心卡片	活动 33 同理心卡片
活动 33 同理心卡片	活动 33 同理心卡片	活动 33 同理心卡片	活动 33 同理心卡片
活动 33 同理心卡片	活动 33 同理心卡片	活动 33 同理心卡片	活动 33 同理心卡片

活动 35

战斗

每款电子游戏都清晰地标有 PEGI 评级图标。这些图标是什么？	PEGI 评级图标的颜色有哪些？	电子游戏中不同颜色的 PEGI 评级图标有什么用？
绿色的 PEGI 图标表示什么？	带有橙色 PEGI 图标的游戏中会有哪些内容？	带有红色 PEGI 图标的游戏中会有哪些内容？
儿童观看了不适合他们年龄的游戏会有什么风险？	如果朋友想和你一起玩你不感兴趣的游戏，你该怎么办？	为什么父母需要监督孩子玩电子游戏？

沿虚线剪下 ✂

活动 35 这些颜色用于提示玩游戏的适宜年龄。	活动 35 从绿色到红色。	活动 35 自 2003 年起，所有电子游戏都需要使用 PEGI 评级图标，这个图标代表泛欧洲游戏信息组织。
活动 35 这些游戏包含严重的暴力或色情内容，仅适合 18 岁及以上的成年人。	活动 35 这些游戏中的暴力场景频繁且画面逼真，还可能涉及吸毒、酗酒和与性相关的不良行为，语言粗俗。	活动 35 这意味着游戏适合所有人，包括低龄的儿童。
活动 35 父母要帮助孩子健康成长，并保护他们免受各种形式的暴力影响。	活动 35 你可以选择离开房间，去其他地方或者跟其他人一起玩。	活动 35 孩子观看不适宜的游戏可能导致焦虑、过度激动和做噩梦。

活动 37

问答骰子

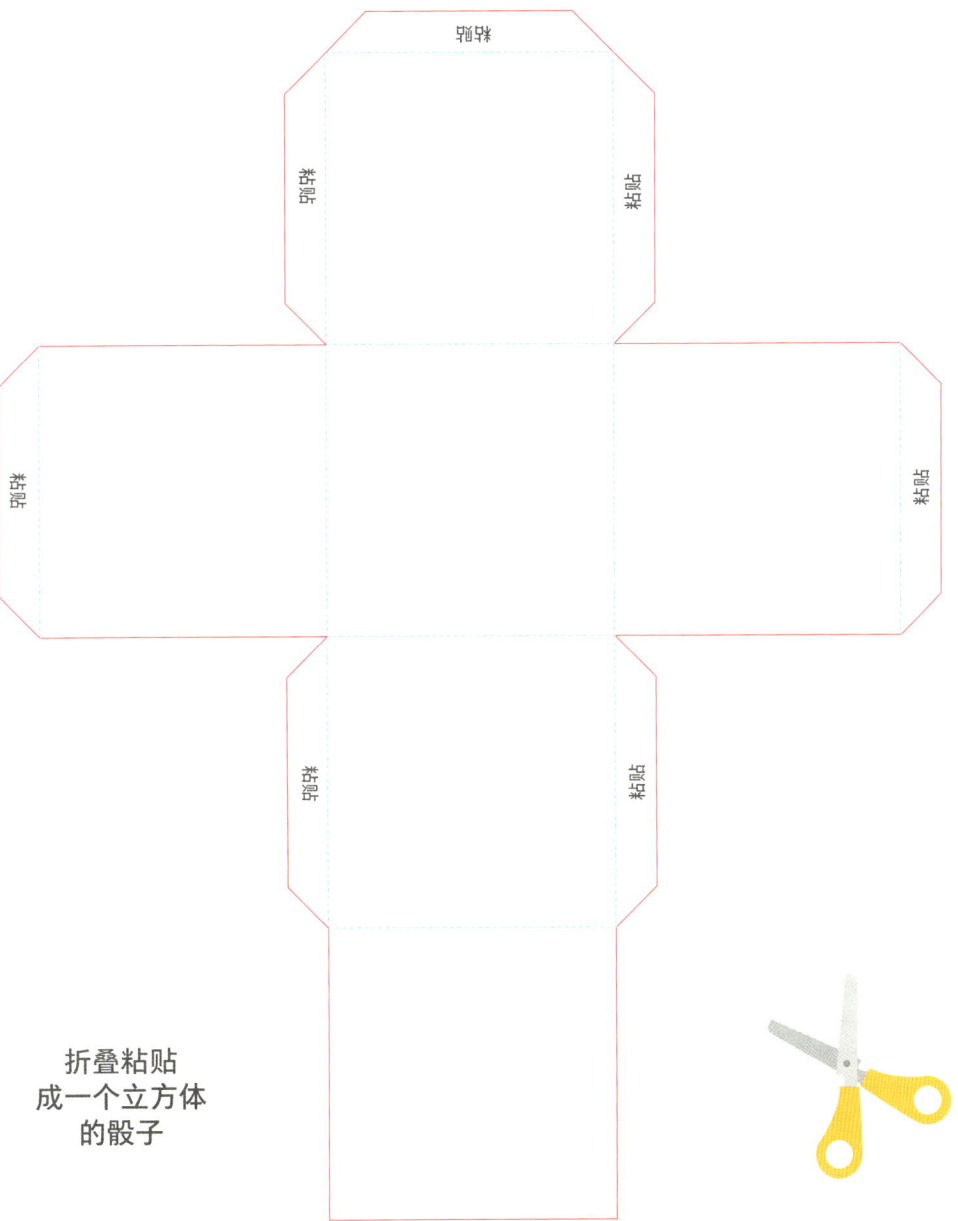

折叠粘贴成一个立方体的骰子

沿虚线剪下

活动 41
调解者的钥匙

保持中立与平静

我保持平静并微笑。
我不偏袒任何一方。
我不做是非评判。

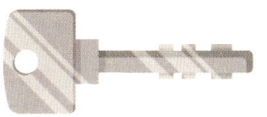

倾听

我倾听事实，以理解争执的根源。
我倾听每个人的感受（情绪）。
我与他们一起明确要解决的问题。

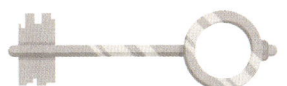

我具有创造性

我表示："我理解你们双方，我们一起
来找解决办法。"
我请双方共同寻找一个大家都能接受的
解决办法。
我充满创造力，我能够帮助他们。

寻找解决办法

我确保找到的解决办法能得到执行。
我向每个人（包括我自己）表示祝贺。
如果大家都不愿意接受这个解决办法，
我会寻求大人的帮助。

沿虚线剪下

活动 41
调解者的钥匙

活动 43

我的奖状